# 병원균의 습격

| 프랜 보크윌 지음 | 믹 롤프 그림 | 한현숙 옮김 |

승산

지구는 아주 위험한 곳일 수 있어.
우리뿐만 아니라 모든 생물에게 말이야.
우리는 화산 폭발이나 홍수를 피할 수 있고,
이글거리는 태양이나 눈보라를 피할 수도 있어.
하지만 어디에 살든, 날씨가 어떻든,
우리는 결코 병균을 피할 순 없단다!

우리의 몸은 100조 개나 되는
복잡한 세포로 이루어져 있단다. 그 가운데
어떤 세포들은 우리 몸 안에 쳐들어온
보이지 않는 병균들을 무찔러서
우리 몸을 건강하게 지켜주지.

아하, 그렇구나!

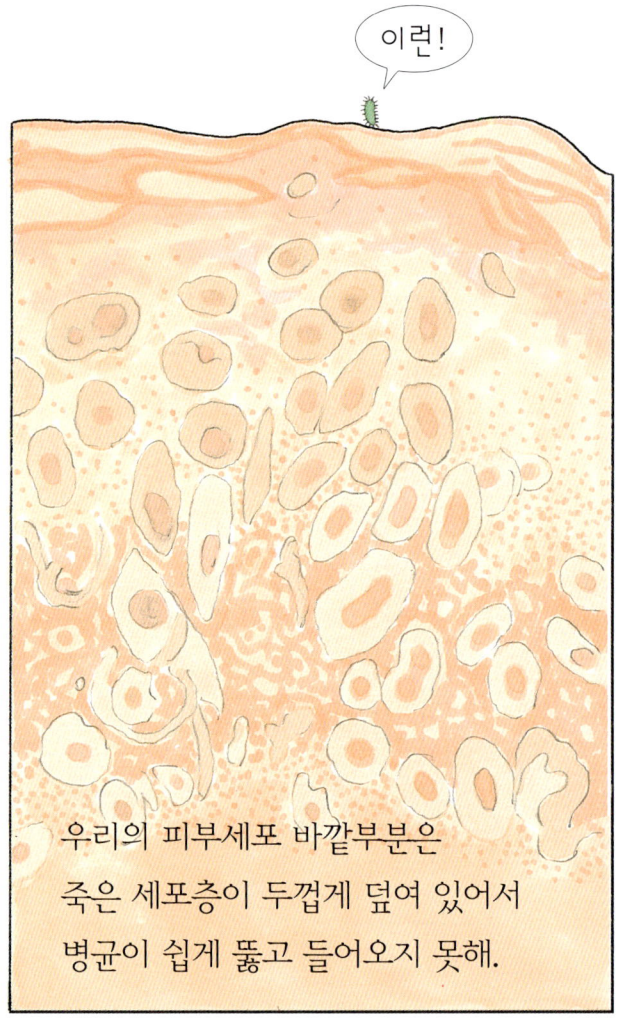

이런!

우리의 피부세포 바깥부분은
죽은 세포층이 두껍게 덮여 있어서
병균이 쉽게 뚫고 들어오지 못해.

코에서 허파까지 공기가 들락거리는 통로는
아주 가는 털로 덮여 있어서,
먼지나 병균을 걸러내는 역할을 하지.
또 끈적끈적한 점액이 나와서 병균을 붙잡아버려.

위장세포는 수상한 것이면 뭐든 녹여버리는 위액을 만들어내지.

눈물을 운반하는 관에 있는 세포는 밤이나 낮이나 항상 우리 눈을 깨끗이 할 수 있도록 병균을 제거하는 물질을 만들어낸단다.

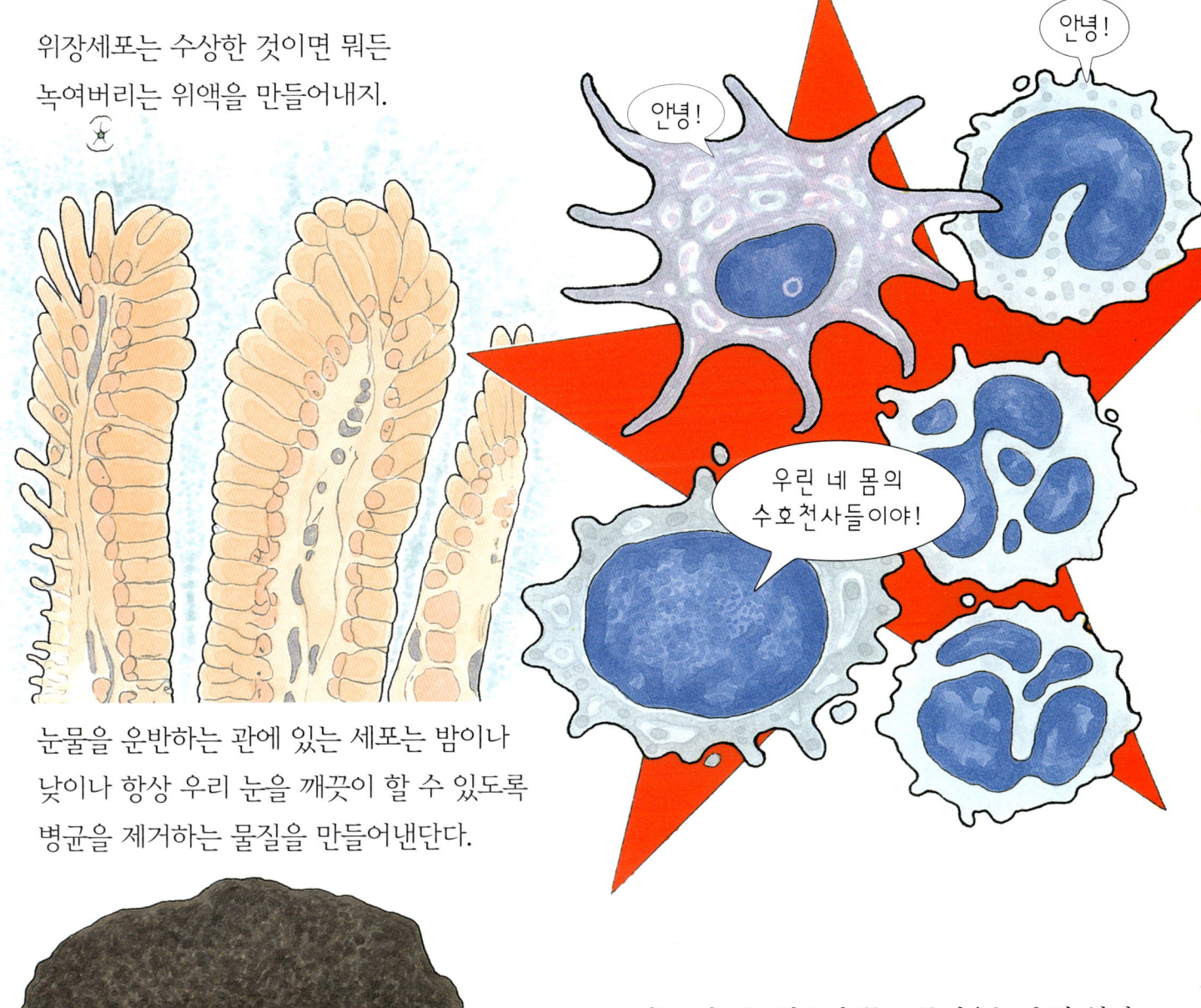

안녕!

안녕!

우리 네 몸의 수호천사들이야!

그래도 때로는 병균이 뚫고 들어오는 수가 있어. 그러면 우리의 막강한 수호천사 방어세포들이 나서서 위험한 병균들을 무찌르게 돼.

5

백혈구의 일종인 호중구(중성백혈구)는 워낙 먹성이 좋아서
위험한 병균이면 뭐든 닥치는 대로 먹어치운단다.

백혈구 10개 가운데 6개는 호중구야. 호중구는 우리 혈관의
모든 곳을 순찰하고 다닌단다. 병균이 쳐들어왔다는 걸
알게 되면, 호중구는 병균과 가장 가까운 혈관에 찰싹 달라붙지.
그래서 혈관세포 사이로 스르르 빠져나가서 병균에게 다가가는 거야.

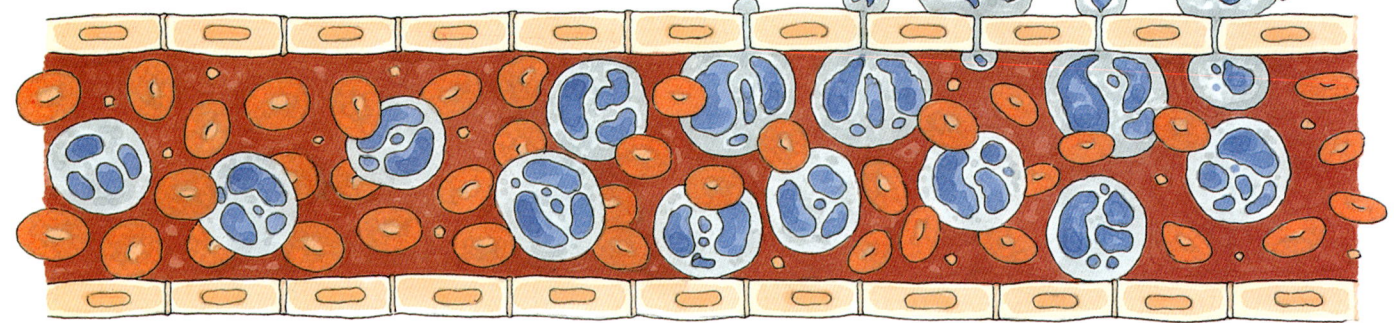

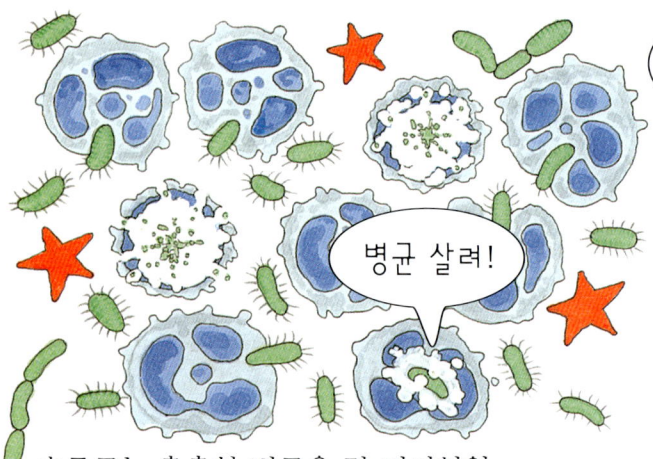

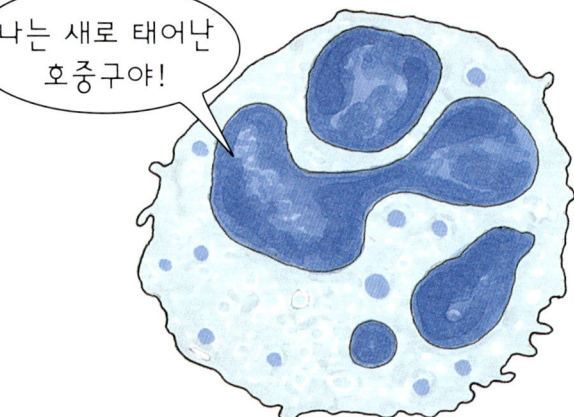

호중구는 축축한 병균을 잘 먹어치워.
호중구 몸 속에는 병균을 죽여버리는 화학무기가
가득 들어 있지.
하지만 병균을 녹이면서 자기도 같이 죽게 돼!

우리 뼛속 골수에 있는 줄기세포는 1시간에
새로운 호중구 세포를 무려 50억 개나 만들어낸단다!

우리 몸 속을 순찰하는 다른 방어세포로는 자연세포독성세포(NK세포)라는 게 있단다.
이 세포는 병균에 감염된 세포를 사냥하지.

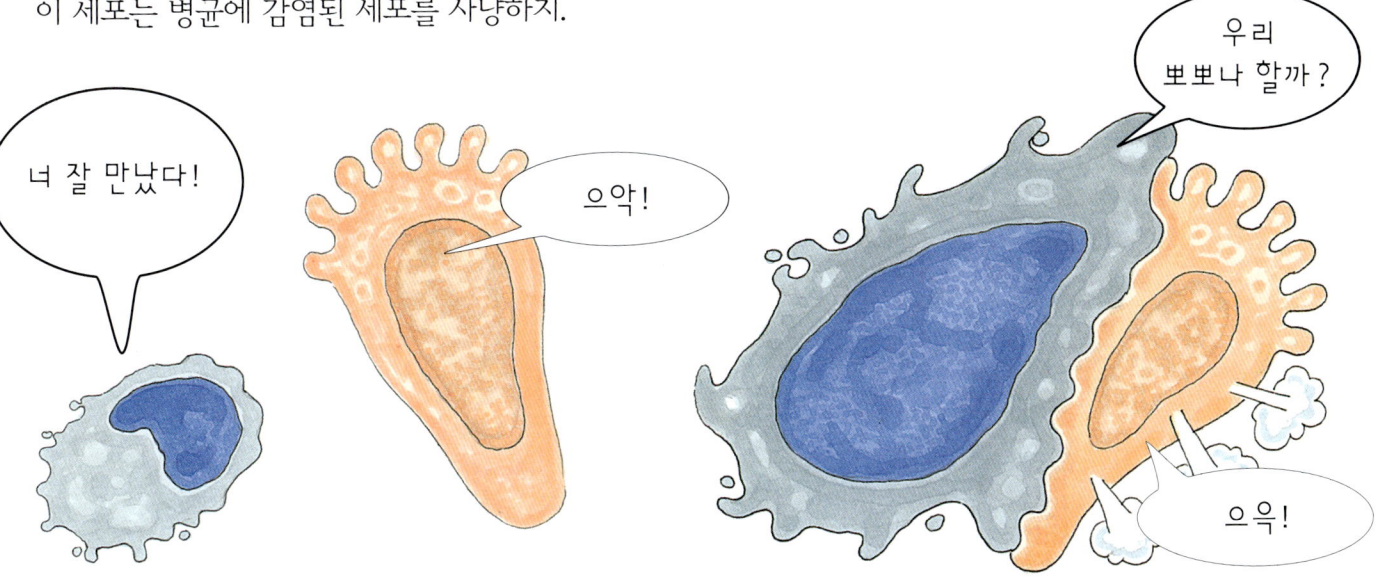

병균에 감염된 세포가 살아 있으면 위험해.
그래서 NK세포가 해치우는 거야.

어떻게 해치우느냐 하면, 감염된 세포의 막에
작은 구멍을 송송 뚫어놓는 거지.

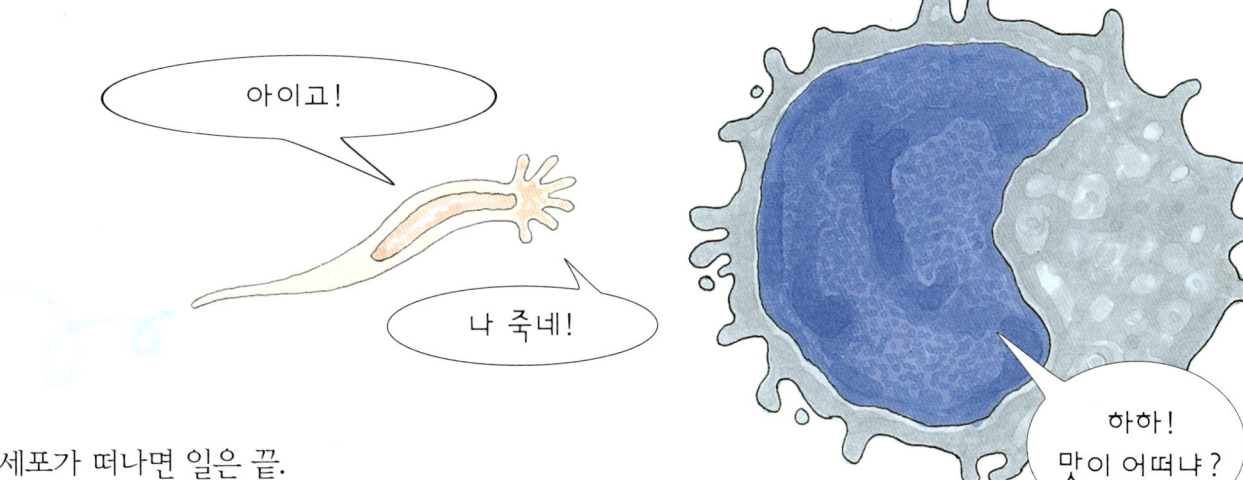

NK세포가 떠나면 일은 끝.
구멍이 뚫린 세포는 쪼글쪼글 오그라들어서 곧 죽고 말아.

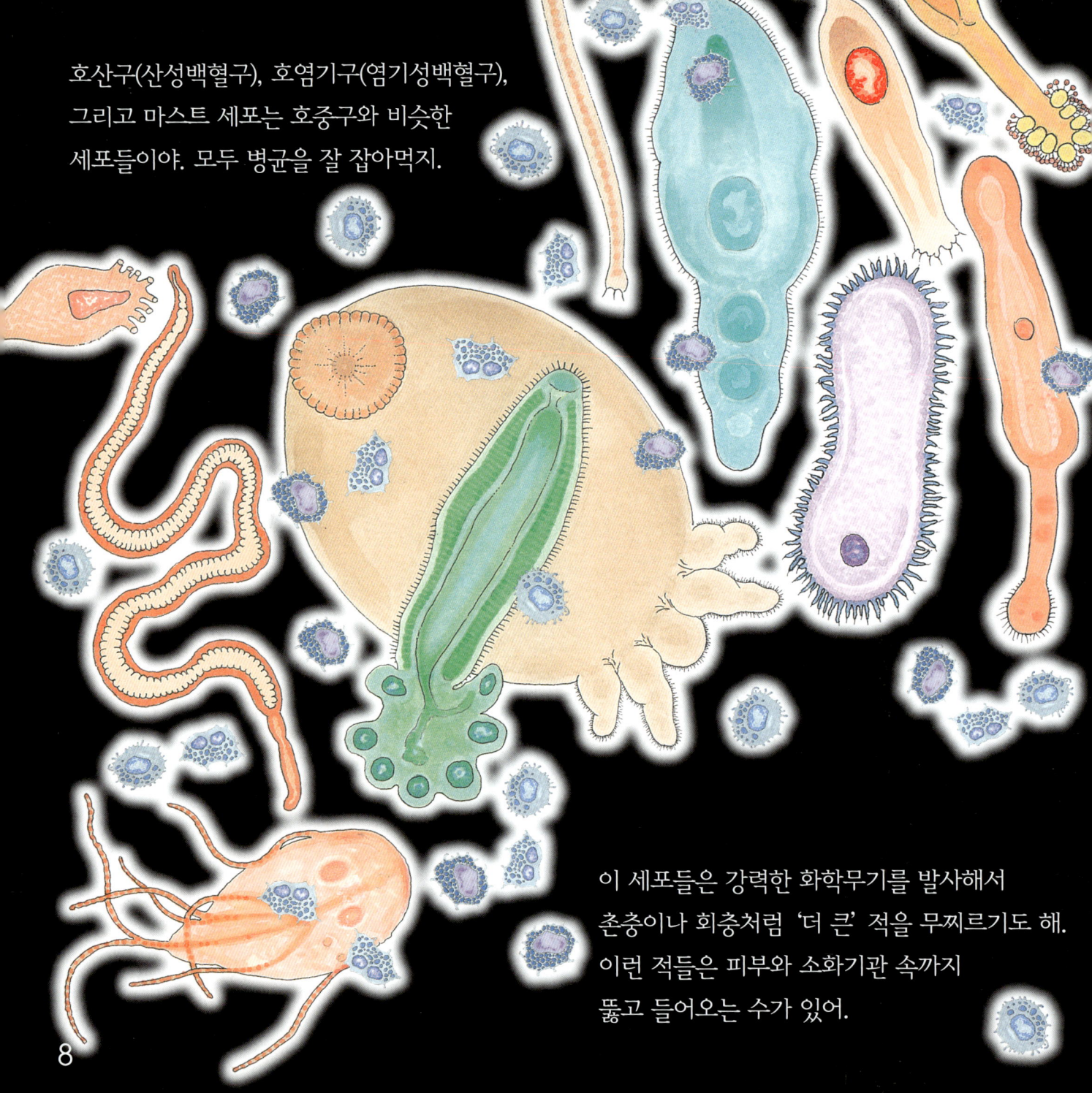

호산구(산성백혈구), 호염기구(염기성백혈구), 그리고 마스트 세포는 호중구와 비슷한 세포들이야. 모두 병균을 잘 잡아먹지.

이 세포들은 강력한 화학무기를 발사해서 촌충이나 회충처럼 '더 큰' 적을 무찌르기도 해. 이런 적들은 피부와 소화기관 속까지 뚫고 들어오는 수가 있어.

대식세포는 몸 속의 쓰레기를 없애준단다!

우리가 병들거나 다쳤을 때, 그리고 병균과
먼지가 모인 곳에 생긴 쓰레기를 청소해주는 거야.

대식세포는 세균을 먹어치운 후에도
죽지 않는단다. 계속 살아가면서 다음날
또 세균을 먹어치우는 거야!

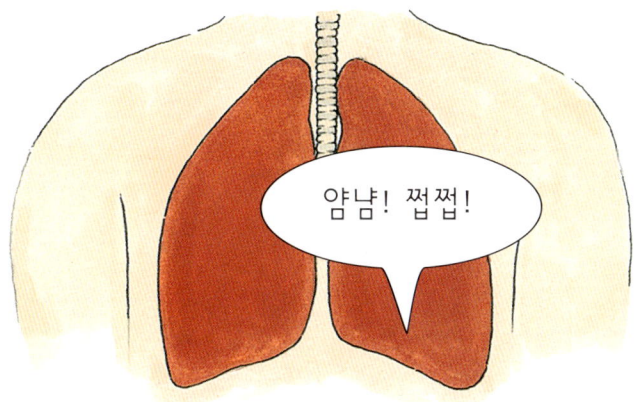

우리가 숨을 들이쉴 때 수많은 먼지가
허파로 들어오게 돼. 수백만 개나 되는 대식세포가
이 쓰레기를 먹어치워서 우리의 허파를
깨끗하게 해주는 거란다.

이런 세포들은 모두 '자연면역체계'에
속하는 세포들이란다. 태어날 때부터 우리
몸 안에 있는 방어세포라는 뜻이야.
이런 방어세포들만으로도 웬만한 병균은
다 무찔러서 건강하게 지낼 수 있지.

때로는 자연면역체계 세포들이 무찌를 수 없는 병균도 있단다. 그러면 우리 몸 속의 또 다른 면역체계(적응면역체계)가 필요하게 돼. 바로 이때 수지상 세포가 나서게 된단다. 수지상은 '나뭇가지 모양'이라는 뜻이야.

이 세포는 아주 훌륭한 방어세포야.
이 세포는 바깥세상에서 어떤 병균이 몸 속으로 쳐들어오는지 아주 끈기 있게 감시한단다.

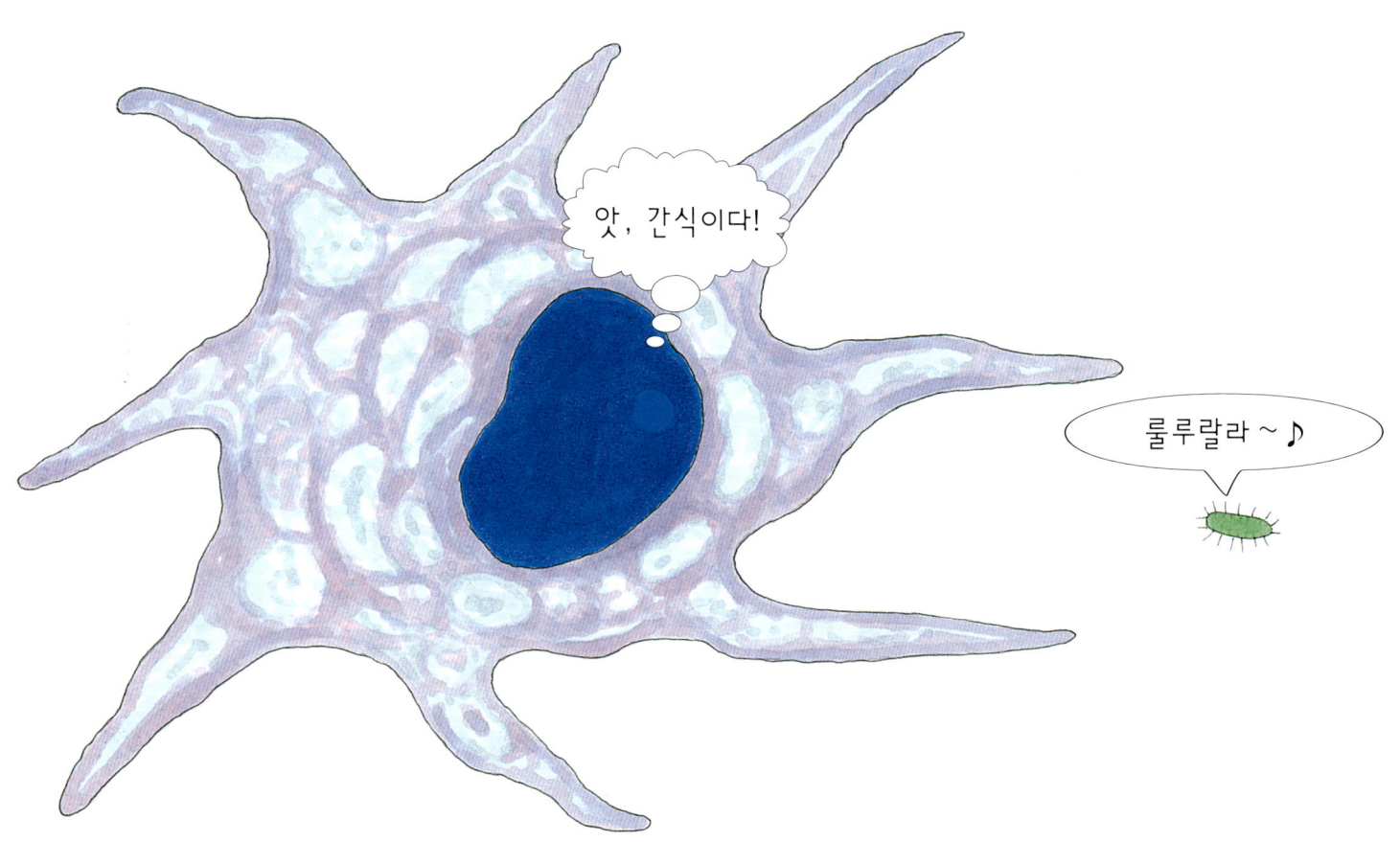

수지상 세포는 병균을 붙잡자마자,
수호천사들이 많이 모여 있는 곳으로 달려가지.
그곳은 바로 임파절(림프절)이라는 곳이야.
그곳에서 수지상 세포는 가장 날쌘 수호천사인
임파구(림프구) 세포에게 위험을 알려준단다.

임파구는 수많은 팀으로 나뉘어져 있어.
각 팀마다 한 가지의 병균만 무찌르도록
되어 있는 거야. 임파구는 수지상 세포가
어떤 병균을 붙잡았는지 살펴보고,
아주 빠르게 세포분열을 하여 수백만 개로 수가
불어나서 그 병균만 무찌르는 팀을
만든단다 — 자연면역체계에는 없던
새 무기를 만드는 셈이야.

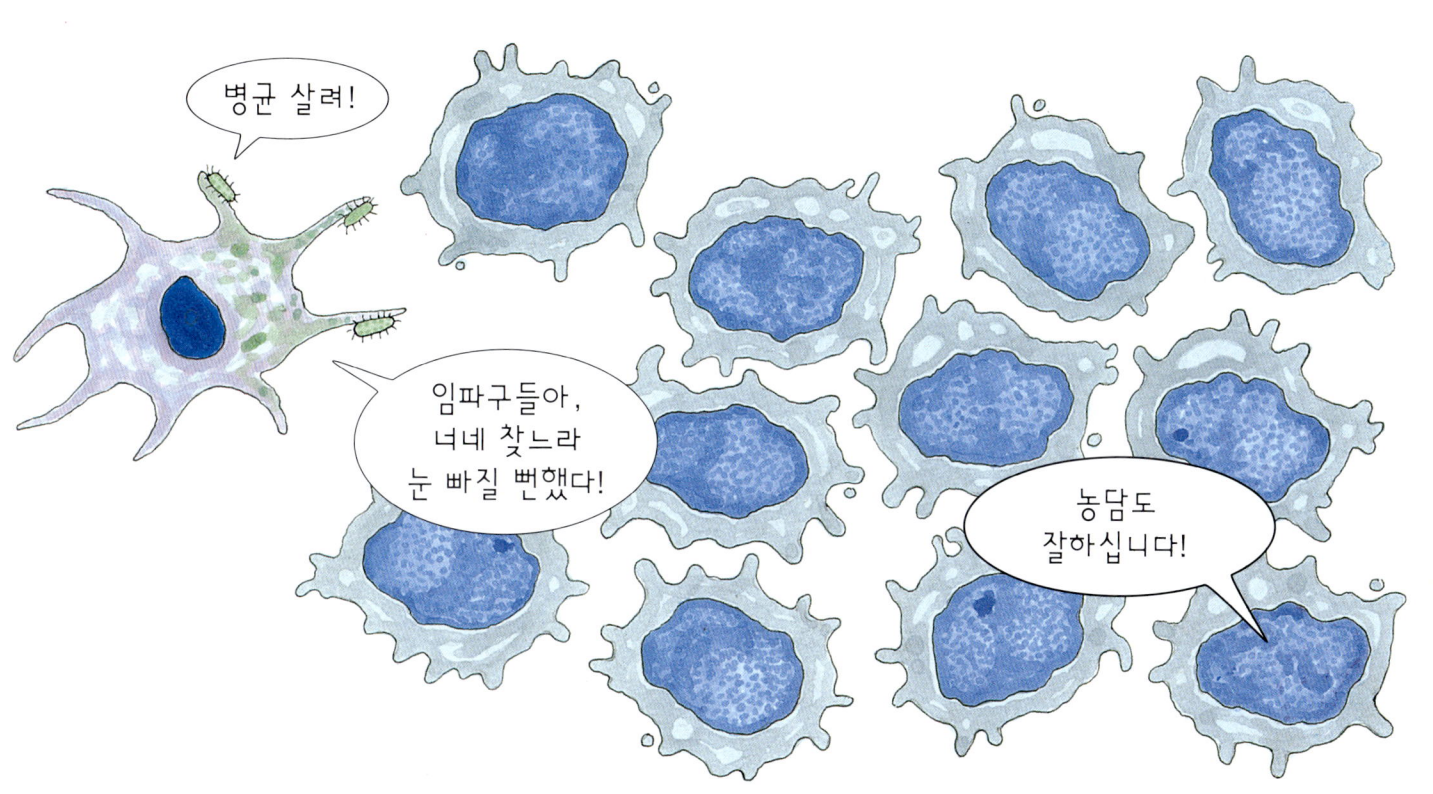

어떤 임파구들은 병균뿐만이 아니라, 병균에 감염된 우리 몸 세포까지 함께 해치워버린단다.

또 어떤 임파구들은 항체를 발사하는데, 항체는 유도 미사일처럼 아무 데나 쏘아도 목표물을 찾아가서 명중시키곤 한단다.

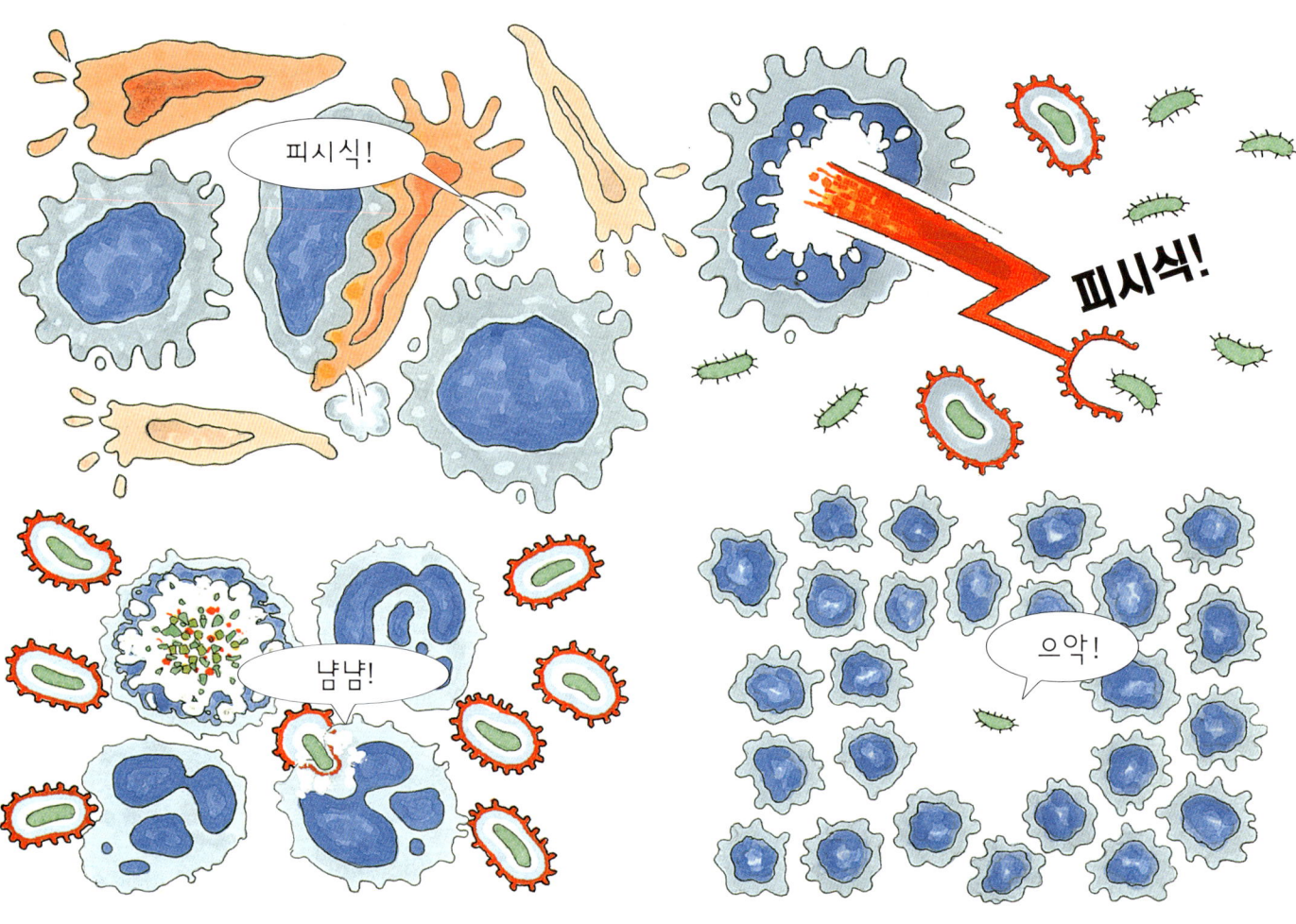

대식세포와 호중구에게는 항체로 뒤덮인 병균이 정말 맛있는 먹이야. 항체로 뒤덮인 병균은 잡아먹어도 배탈이 나지 않거든.

만일 똑같은 병균이 다시 우리 몸에 침입하면, 임파구가 이미 만들어져 있기 때문에 훨씬 더 빨리 무찌를 수 있단다.

수호천사인 방어세포들이 우리 몸을 건강하게 해주려면 아주 빨리 병균이 있는 곳에 모일 수 있어야 해. 그래서 방어세포들은 사이토킨이라는 특별한 화학물질로 서로 신호를 전달한단다.

사이토킨 신호를 받으면 방어세포들이 잔뜩 모여들어서 병균들을 냠냠 쩝쩝 먹어치우게 되는 거야.

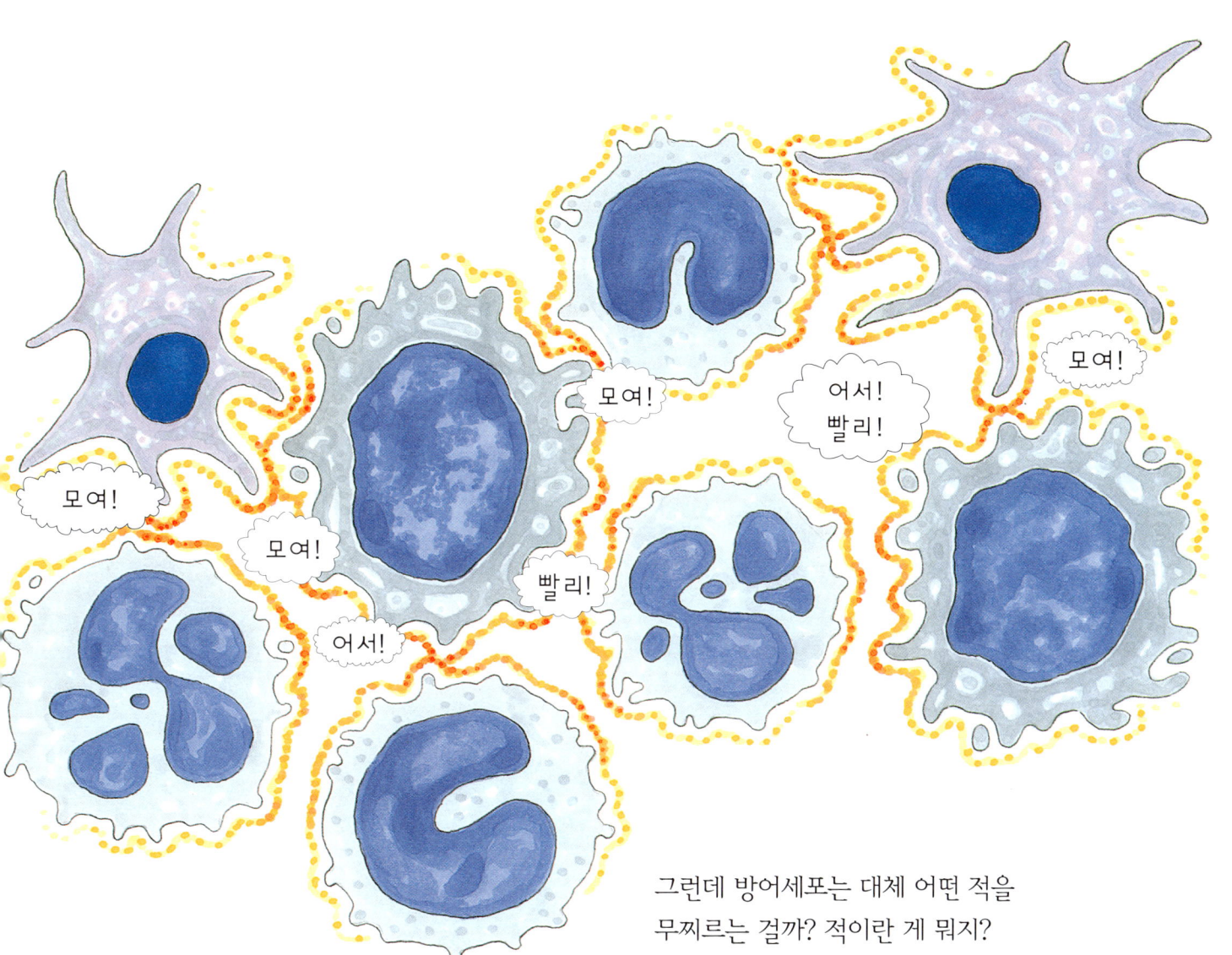

그런데 방어세포는 대체 어떤 적을 무찌르는 걸까? 적이란 게 뭐지?

# 박테리아!

대부분의 박테리아는 우리의 적이 아니라 친구란다. 박테리아는 하나의 세포(단세포)로 이루어진 생물인데, 현미경으로만 볼 수 있단다. 크기가 사람 세포의 100분의 1밖에 안 되지만, 지구의 거의 모든 곳곳에 살고 있어. 꽁꽁 얼어붙은 극지방에도 살고, 펄펄 끓는 물 속에서도 살고, 땅 속에도 수없이 많이 살면서 모든 생명의 밑바탕을 이루고 있단다.

심지어는 우리 몸 속에도 살고 있지. 우리가 소화시킬 수 없는 음식을 소화시켜주고, 상처 난 곳의 피를 굳게 하는 비타민 K도 만들어줘.

물론 우리에게 해로운 박테리아도 있어.
하지만 그 종류는 몇 가지 안 돼. 그들은 우리가
먹는 음식 속에서, 그리고 우리 몸 속에서
번식을 하지.

해로운 박테리아는 번식을 하면서
독을 내뿜어서 병을 일으킬 수도 있단다.

박테리아한테 당했다!

호중구는 해로운 박테리아를 찾아내서 없애버릴 수 있어.

하지만 때로는 적이 너무 많아서 호중구가 오히려 당할 수도 있어.

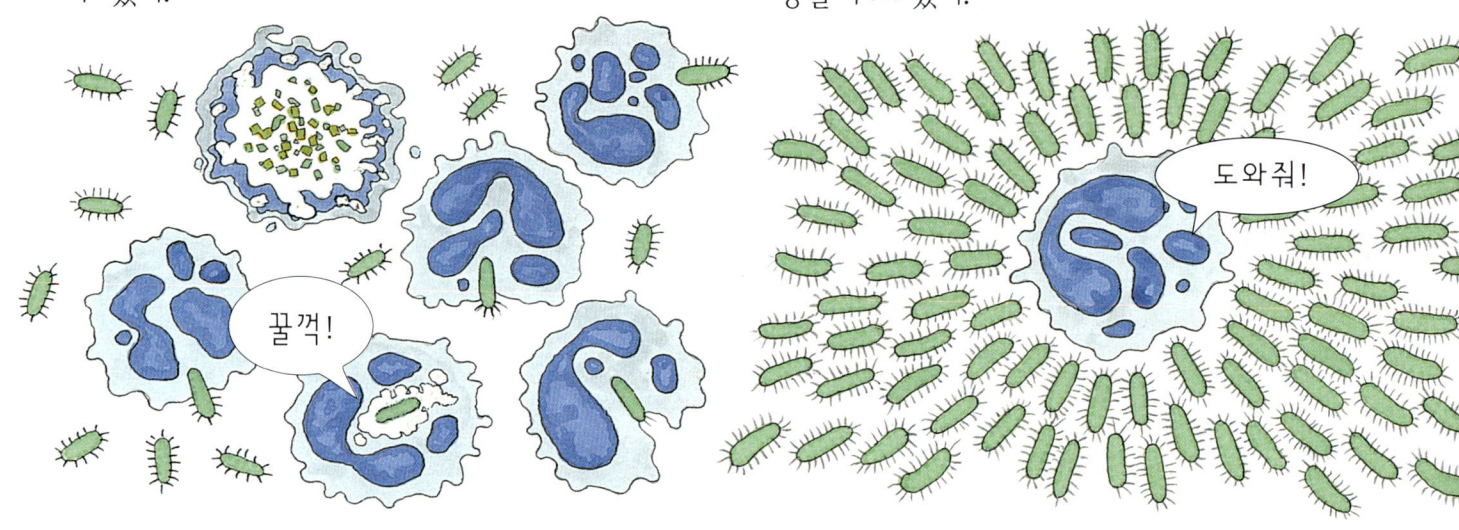

적이 많으면 수지상 세포가 나서지! 이 세포가 가장 가까운 곳에 있는 림프절로 달려가서 임파구를 불러오는 거야.

임파구는 재빨리 수가 늘어나서 위험한 박테리아를 무찌를 항체를 만들게 돼.

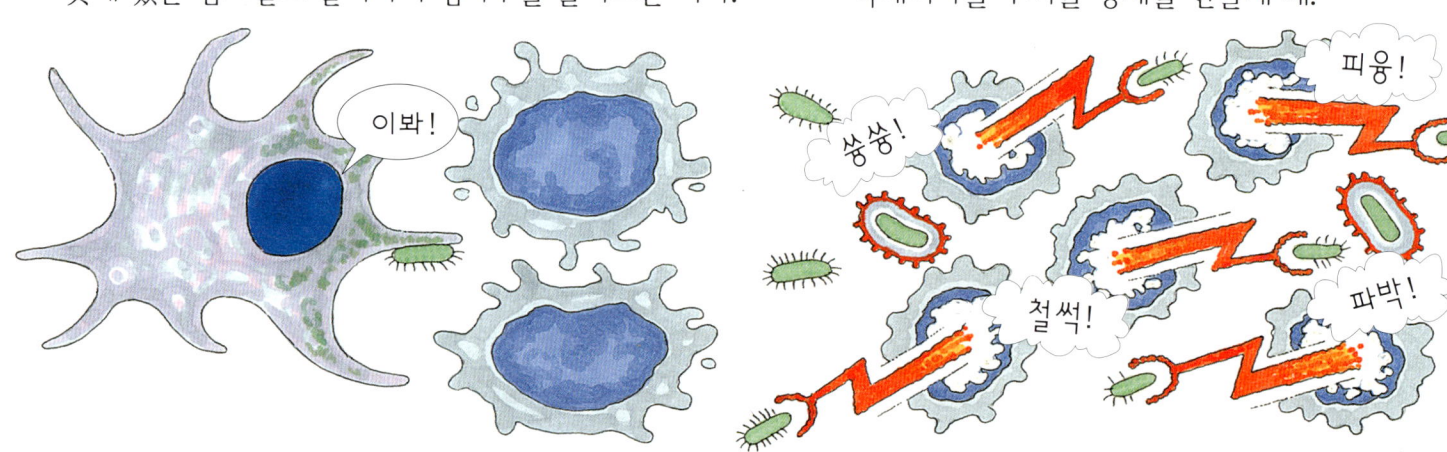

대부분 방어세포들은 이 싸움에서 거뜬히 이길 수 있단다. 하지만 때로는 도움이 필요할 수도 있어. 그때 의사 선생님이 항생제라는 약을 처방해준단다. 항생제는 박테리아를 죽이는 약이야.

100년쯤 전에는, 박테리아 때문에 해마다 수백만 명의 어린이가 병들어 죽었단다. 옛날에는 지금보다 약이 훨씬 더 귀했고, 먹을 것도 충분치 않았거든. 박테리아에 대해 잘 알지도 못했고 말이야.

오늘날 우리는 박테리아에 대해 많은 것을 알고 있단다. 그래서 눈에 보이지 않는 박테리아가 음식이나 물을 오염시키지 못하게 하는 방법도 잘 알고 있지. 하지만 지금도 가난한 나라에서는 수많은 어린이가 박테리아 때문에 병들어 죽어가고 있어.

해로운 박테리아보다 훨씬 더 작고
훨씬 더 몹쓸 적이 또 있단다.

# 바이러스!

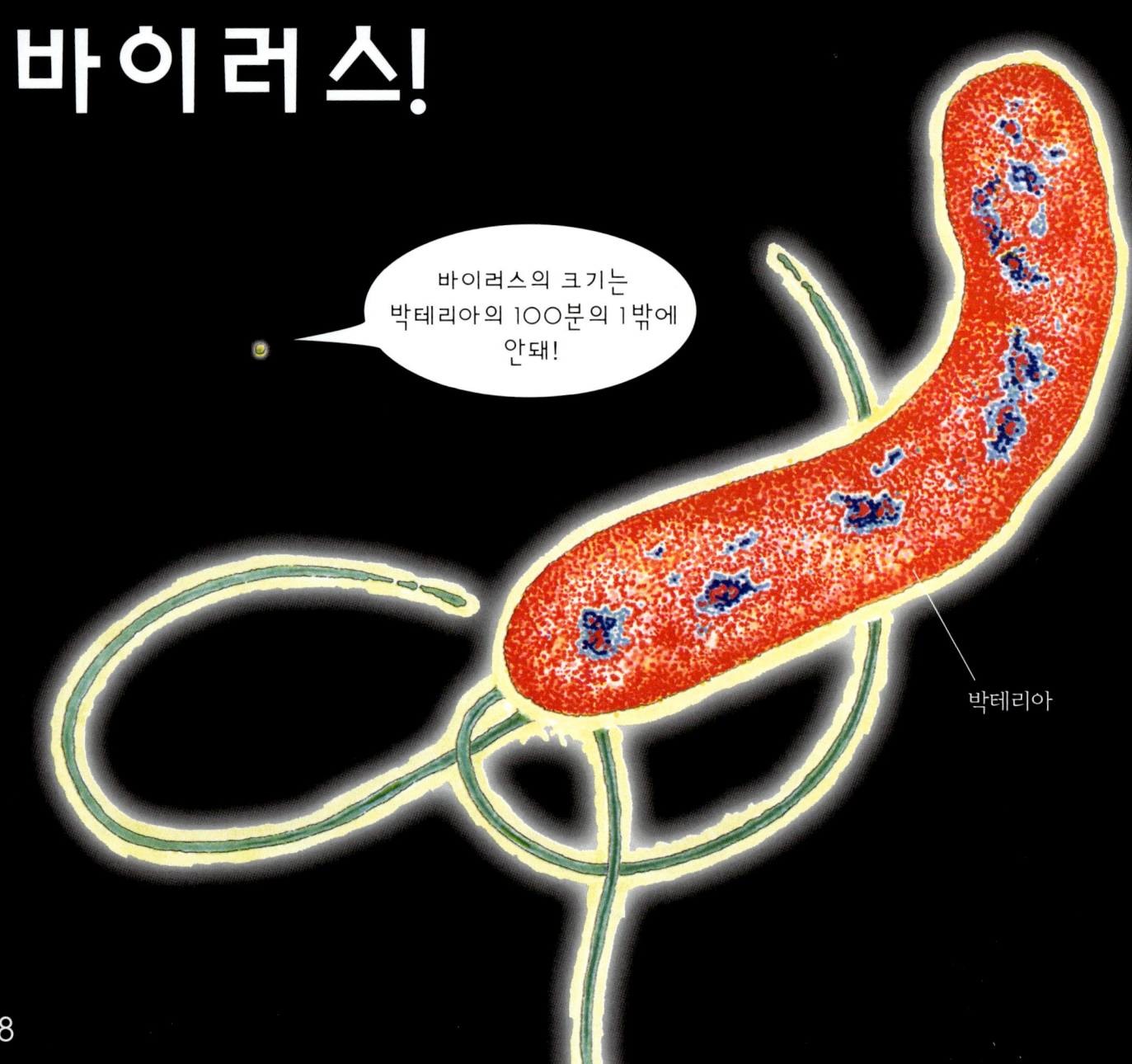

바이러스의 크기는 박테리아의 100분의 1밖에 안돼!

박테리아

우리를 비롯해서 거의 모든 사람들이
바이러스한테 시달린단다. 바이러스 때문에
몹시 아플 수도 있어. 하지만 우리의
방어세포들은 대부분의 바이러스를
무찌를 수 있어서 병을 앓다가도
곧 낫게 돼.

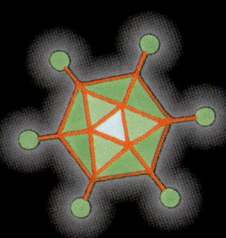
결막염 바이러스

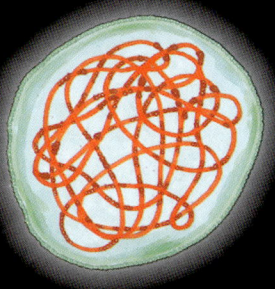
감기, 홍역, 볼거리
바이러스

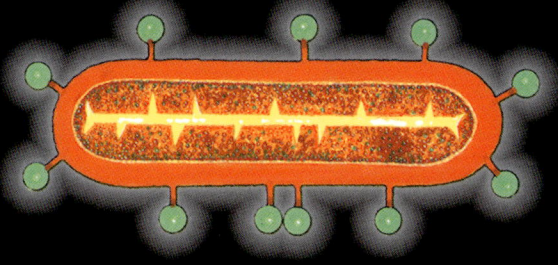
에볼라 바이러스

소아마비 바이러스

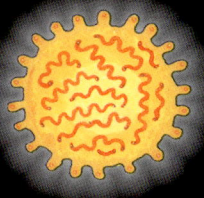
독감 바이러스

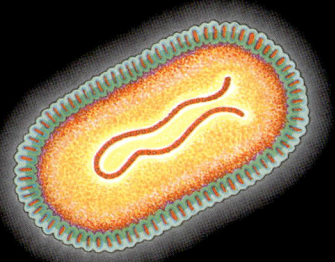
천연두 바이러스
(박멸되었음)

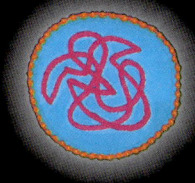
뇌염 바이러스

위장염 바이러스

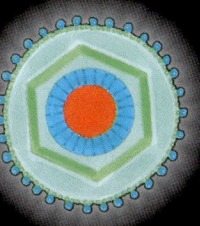
백혈병 바이러스

사마귀 바이러스

설사 바이러스

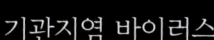
기관지염 바이러스

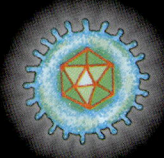
풍진 바이러스

## 특히 무서운
## 바이러스들!

바이러스는 종류가 아주 많아. 조그마한 이 침략자들은 크기가 박테리아의 100분의 1밖에 안 되는데, 우리 몸 속의 세포 안에 들어오면 아주 위험해진단다.

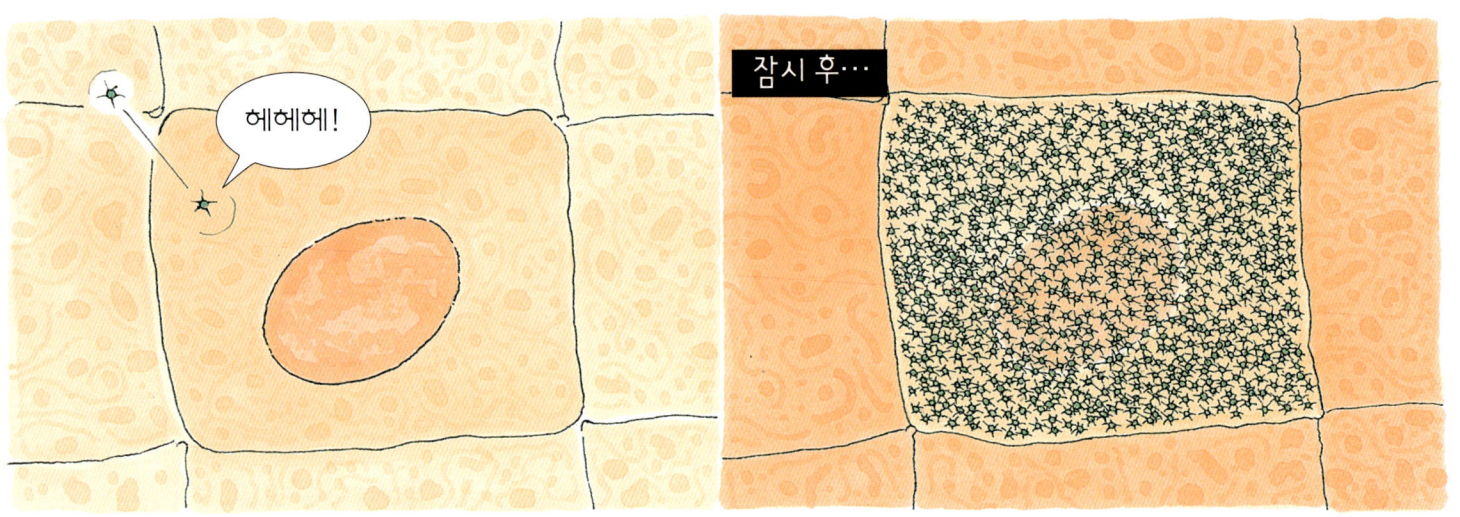

바이러스가 몸 속으로 들어와서 일단 세포 안에 자리를 잡으면…

바이러스가 세포를 점령해버려. 그러면 세포는 수많은 바이러스를 만드는 공장으로 우리 세포를 바꿔버려.

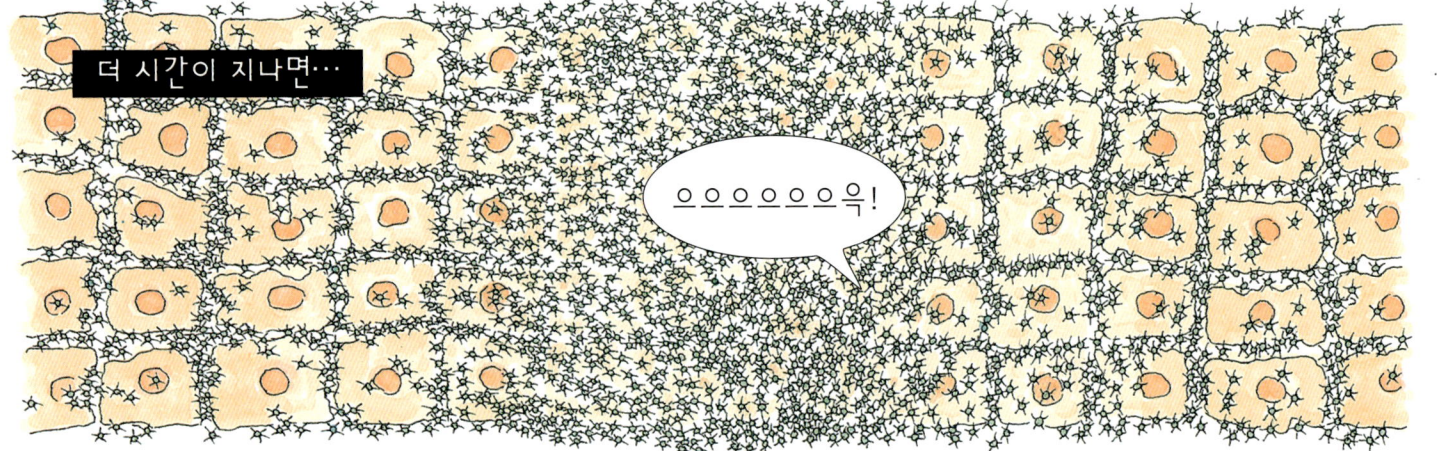

이 바이러스들은 더 많은 세포를 감염시켜서 더 많은 바이러스를 만들게 하고, 계속 더 많은 세포를 감염시켜서 우리를 병들게 하는 거야!

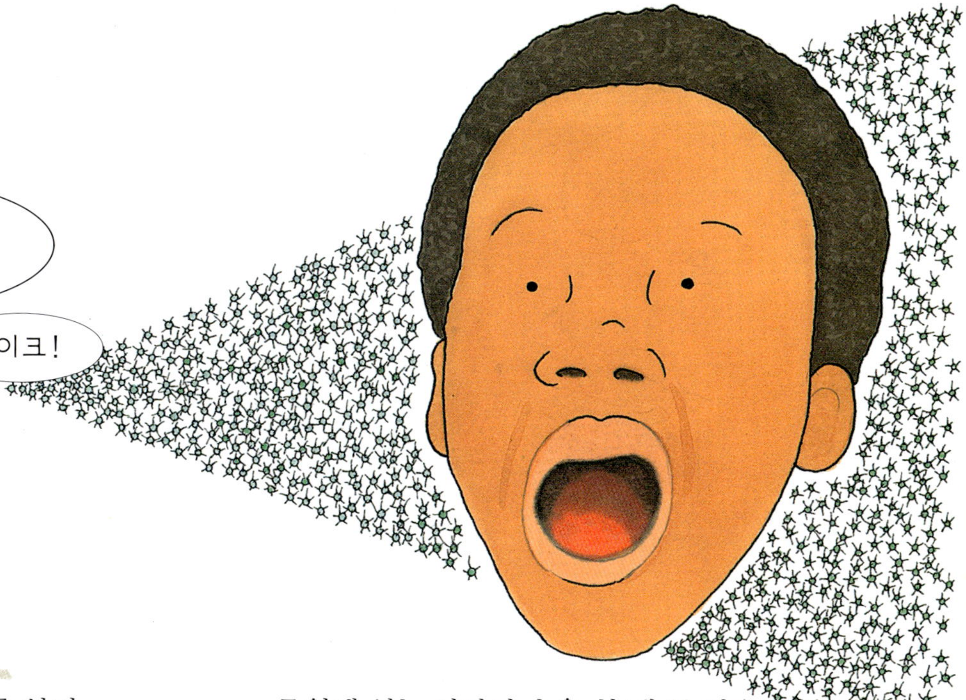

바이러스에 감염된 친구가 재채기를 하면
수십 억 마리의 바이러스가 튀어나와서…

…주위에 있는 사람이 숨을 쉴 때 몸 안으로
수많은 바이러스가 쳐들어오게 돼.

바이러스는 우리 기관지를 보호하고 있는 점액을 뚫고 들어갈 수 있는 효소를 만들 수 있단다. 바이러스 하나가 점액 아래에 있는 우리 세포 하나에만 쳐들어가도 문제가 생기기 시작해.

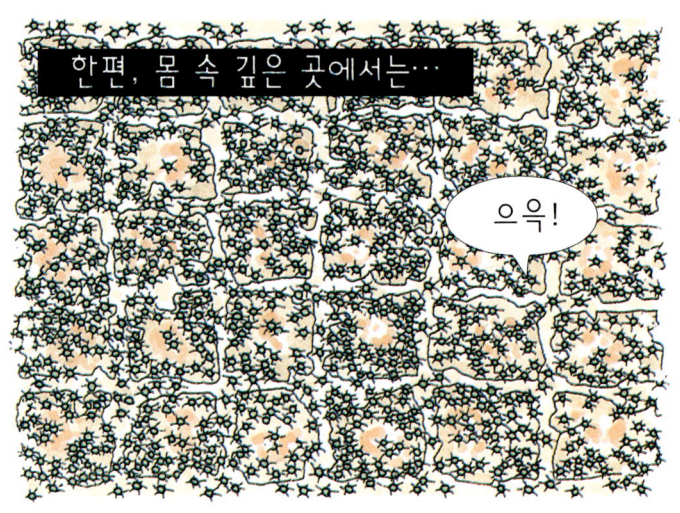

겉보기에 아무렇지도 않지만, 바이러스에 감염된 세포는 하루에 수만 마리의 바이러스를 만들게 된단다.

코와 기관지와 허파 속의 세포들은 바이러스 공장이 되어 버려! 그러다가 세포는 죽고 말지.

우리의 NK세포는 이 바이러스들을 이기지 못해. 그때 수지상 세포가 임파구 세포에게 위험을 알려줘.

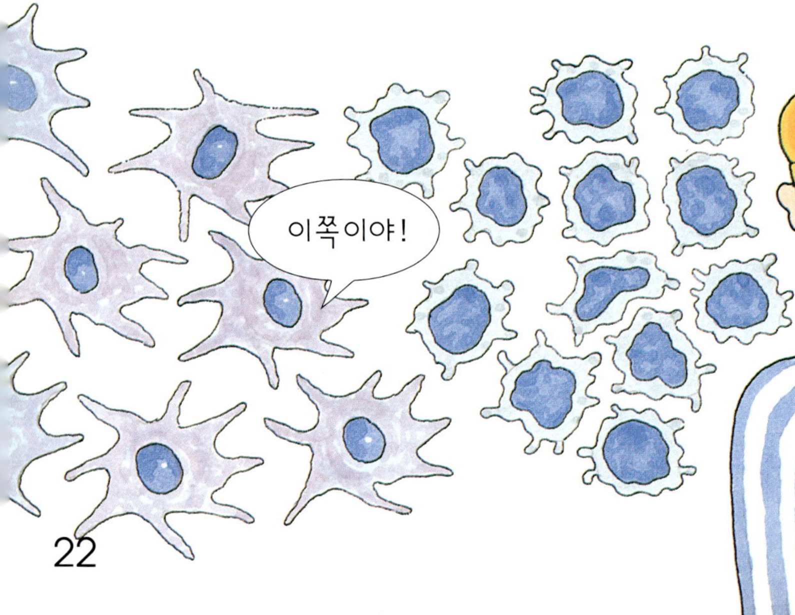

비상! 비상! 사이토킨 신호는 방어세포를 불러 모으지. 이때 우리 몸은 뜨겁고, 떨리고, 머리는 지끈지끈, 콧물은 줄줄, 콜록콜록! 우린 독감에 걸렸어!

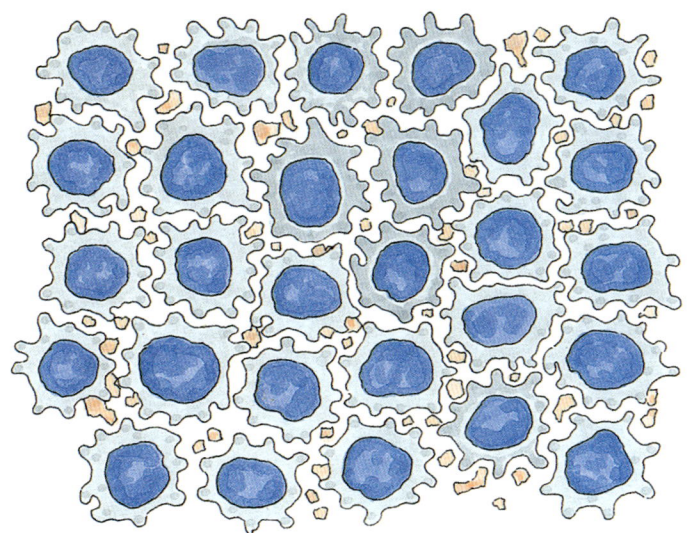

하지만 마침내 임파구 세포가 아주 많이 만들어져서 감염된 세포를 파괴하게 돼. 또 우리 몸이 뜨거우면 바이러스가 힘을 쓰지 못한단다…

…결국 죽은 세포 자리에 새로운 세포가 생기게 되고, 대식세포와 수지상 세포는 각자 자기 자리로 돌아가서 쉬게 되지.

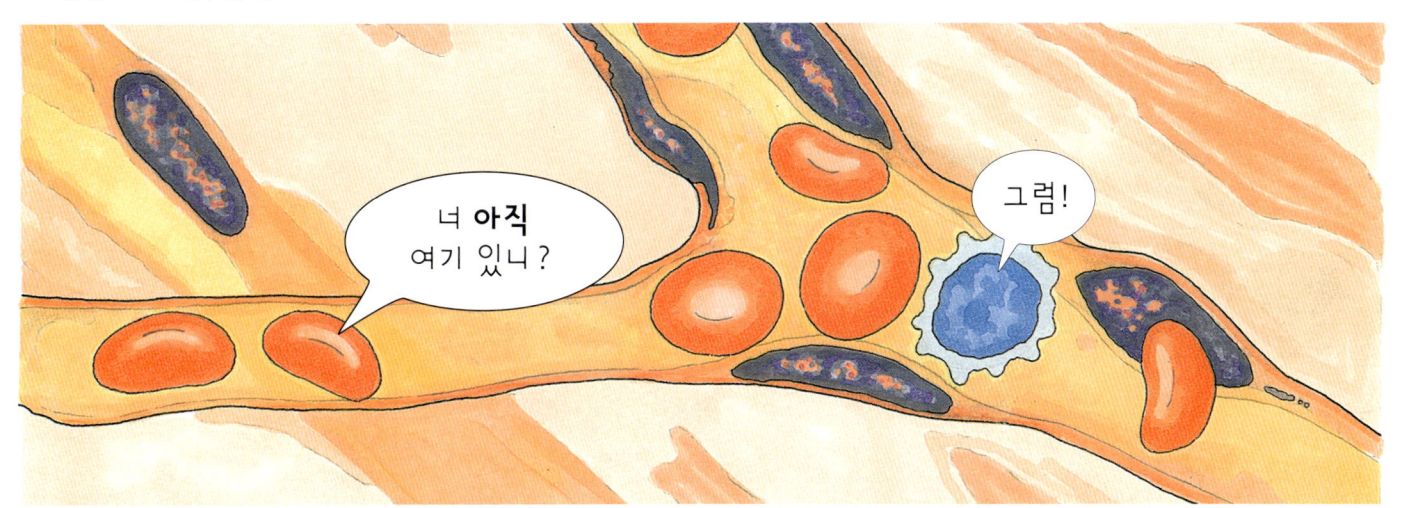

강력한 항체 미사일은 세포 밖에 있는 바이러스를 찾아다니며, 여러 달 동안 계속 핏줄 속에 남아 있단다. 수많은 임파구는 저절로 죽고, 아주 적은 수의 임파구만 남아서 우리 몸 속을 순찰하지. 똑같은 바이러스가 또 쳐들어올지 모르니까.

수호천사인 방어세포들이 없다면 우린 살 수가 없을 거야! 실제로 방어세포가 제대로 일을 하지 못해서 병든 어린이들이 꽤 있단다.

병균을 무찌르지 못하는 호중구를 갖고 태어난 어린이도 있고, 항체를 충분히 만들지 못하는 어린이도 있어. 그런 어린이는 보통의 어린이보다 훨씬 더 많은 병에 걸리게 된단다. 그래서 병에 걸리지 않으려면 특별한 약을 먹어야만 해.

어떤 어린이들은 평생 플라스틱으로 만든
방에 갇혀서 산단다. 그 아이들이 숨쉬는
공기나, 음식, 장난감 등은 모두 살균
처리를 해야만 해. 그 아이들은 임파구가
없기 때문이야. 보통은 해를 끼치지 못하는
병균도 그 아이들에겐 아주 위험하지.

때로는 가까운 친척의 골수세포로
그 아이들의 병을 고칠 수 있단다.
골수세포 속의 특별한 줄기세포는
매일 수백만 개의 방어세포를 만들지.
혈관 속에서 돌아다니는 임파구는
2~3일밖에 못 산단다. 그래서 건강한
사람의 줄기세포가 임파구를
계속 만들어내야 하는 거야.

임파구가 없는 아이의 골수 속에
가까운 친척의 줄기세포를 넣어줘서
줄기세포가 성공적으로 자리 잡으면
임파구를 만들어낼 수가 있게 돼.
그러면 이 아이는 더 이상 방에 갇혀서
살지 않아도 된단다.

때로는 방어세포가 이상해지는 수도 있어. 갑자기 돌변을 해서 우리 몸에 전혀 해롭지 않은 것들을 마구 공격하는 거야.

방어세포가 이상해지면 재채기가 나오고, 몸이 가렵고, 열이 나면서 눈물이 나오고, 천식에 걸려서 쌕쌕거리며 숨쉬기가 곤란해질 수도 있단다.

호염기구와 마스트 세포가 특히 그런 문제를
일으킨단다. 그런 세포들은 병균만이 아니라
사람 세포까지 공격을 하는 화학물질을
지니고 있거든.

꽃가루, 깃털, 피부세포, 개와 고양이의 침 같은
것들은 건초열이라는 열병을 일으키는 수가

있단다. 그런 것들은 원래 해롭지 않은 건데,
그게 해롭다고 방어세포가 착각을 하는 거야.
그래서 항체를 내뿜게 되고, 호염기구와
마스트 세포가 달려오게 돼.
그리고 그 꽃가루를 없애려고 폭발을 하면,
세포를 파괴하는 화학물질이 나와서 우리가
아프게 되는 거란다.

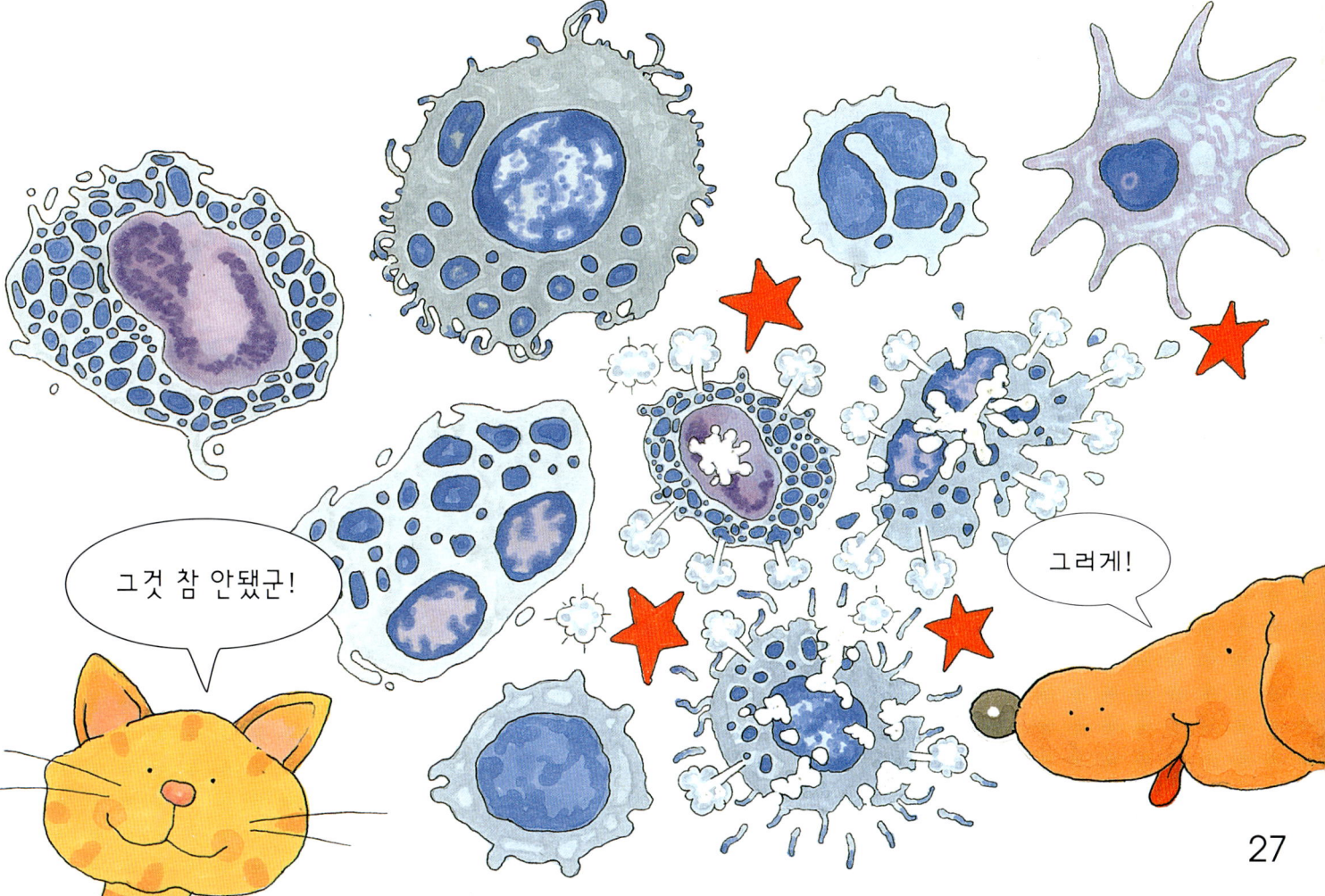

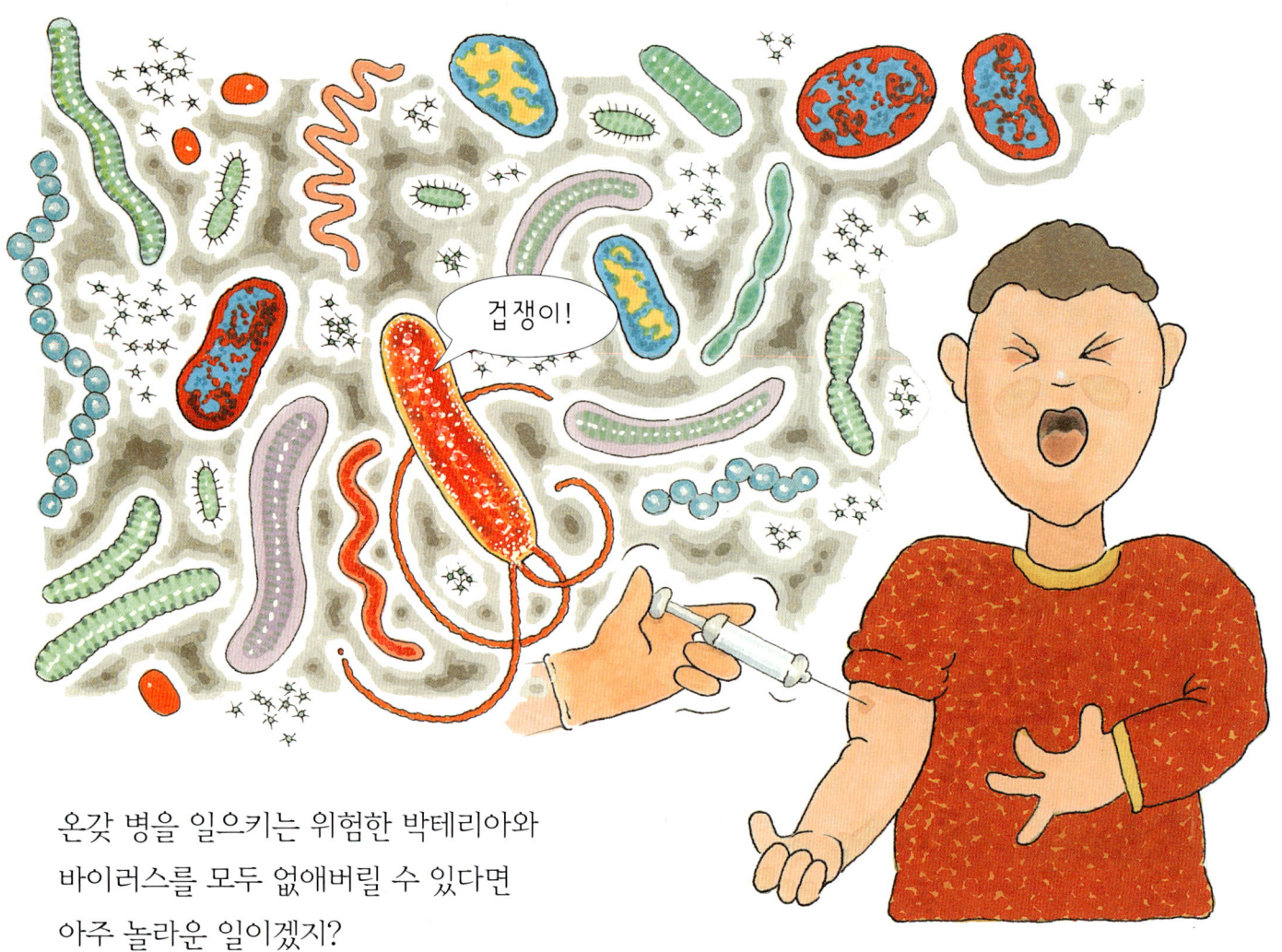

온갖 병을 일으키는 위험한 박테리아와
바이러스를 모두 없애버릴 수 있다면
아주 놀라운 일이겠지?

어떤 경우에는 그게 가능하단다.
백신이라는 것을 발견했기 때문이야.

백신을 예방접종하면, 우리는 훨씬 더 건강하고
안전해질 수가 있단다.

너와 친구들도 이미 예방접종을 해본 적이 있을
거야. 어린이에게 해롭거나 심지어 어린이를 죽
게까지 하는 박테리아와 바이러스를 없앨 수 있
게 해주는 주사를 맞는 게 바로 예방접종이지.

예를 들어볼까? 홍역 바이러스는 옛날에 수많은 어린이를 병들게 했단다. 그래서 과학자들은 해롭지 않게 만든 홍역 바이러스로 백신을 만들었어. 죽었거나 힘이 없는 홍역 바이러스가 바로 홍역 백신인 거야. 그 백신을 어린이에게 주사하면, 그게 위험한 줄 알고 임파구가 활동을 하게 돼. 그래서 홍역을 무찌르는 임파구가 잔뜩 만들어져. 그러면 나중에 진짜 위험한 홍역 바이러스가 쳐들어와도 거뜬히 물리칠 수 있게 된단다.

이처럼 임파구는 한번 무찌른 적을 잘 기억하고 있다가, 다시 똑같은 적이 쳐들어오면 아주 순식간에 무찔러 버린단다.
그 적이 해로운 짓을 하기 전에 말이야.
홍역 백신을 한번만 주사 맞으면,
평생 홍역에 걸리는 일이 없게 된단다.

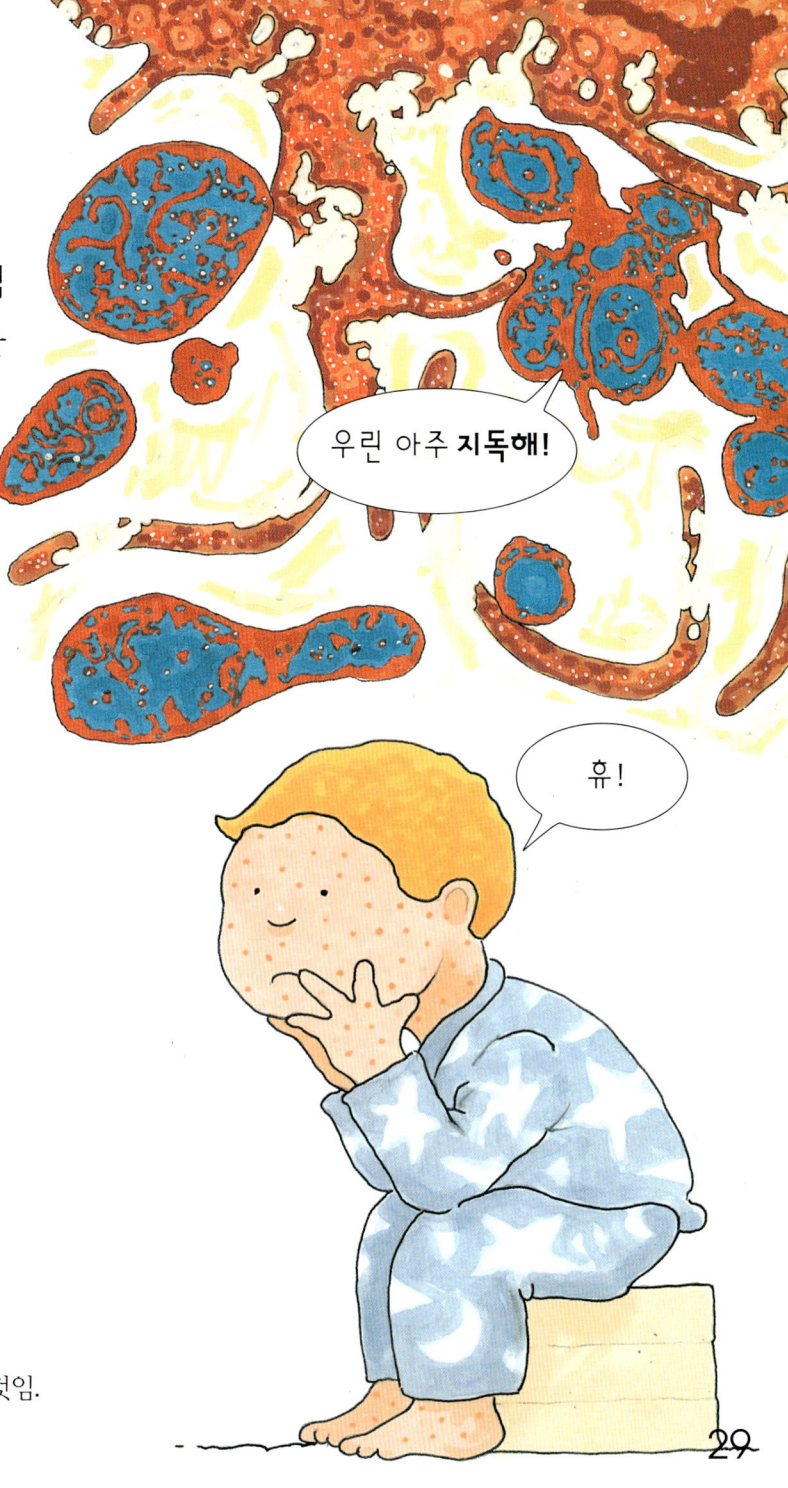

\* 위 그림 속의 홍역 바이러스는 20만 배로 크게 확대한 것임.

우리 인간들은 놀랍게도 천연두 바이러스를
지구에서 완전히 멸종시켜 버렸단다.
그리고 이제는 소아마비 바이러스도
없애버릴 수 있게 되었어.

백신 덕분에 소아마비 바이러스는 더 이상
잘 사는 나라의 어린이를 건드릴 수 없게
되었단다. 하지만 가난한 나라의 어린이들은
아직도 소아마비에 걸리고 있어.

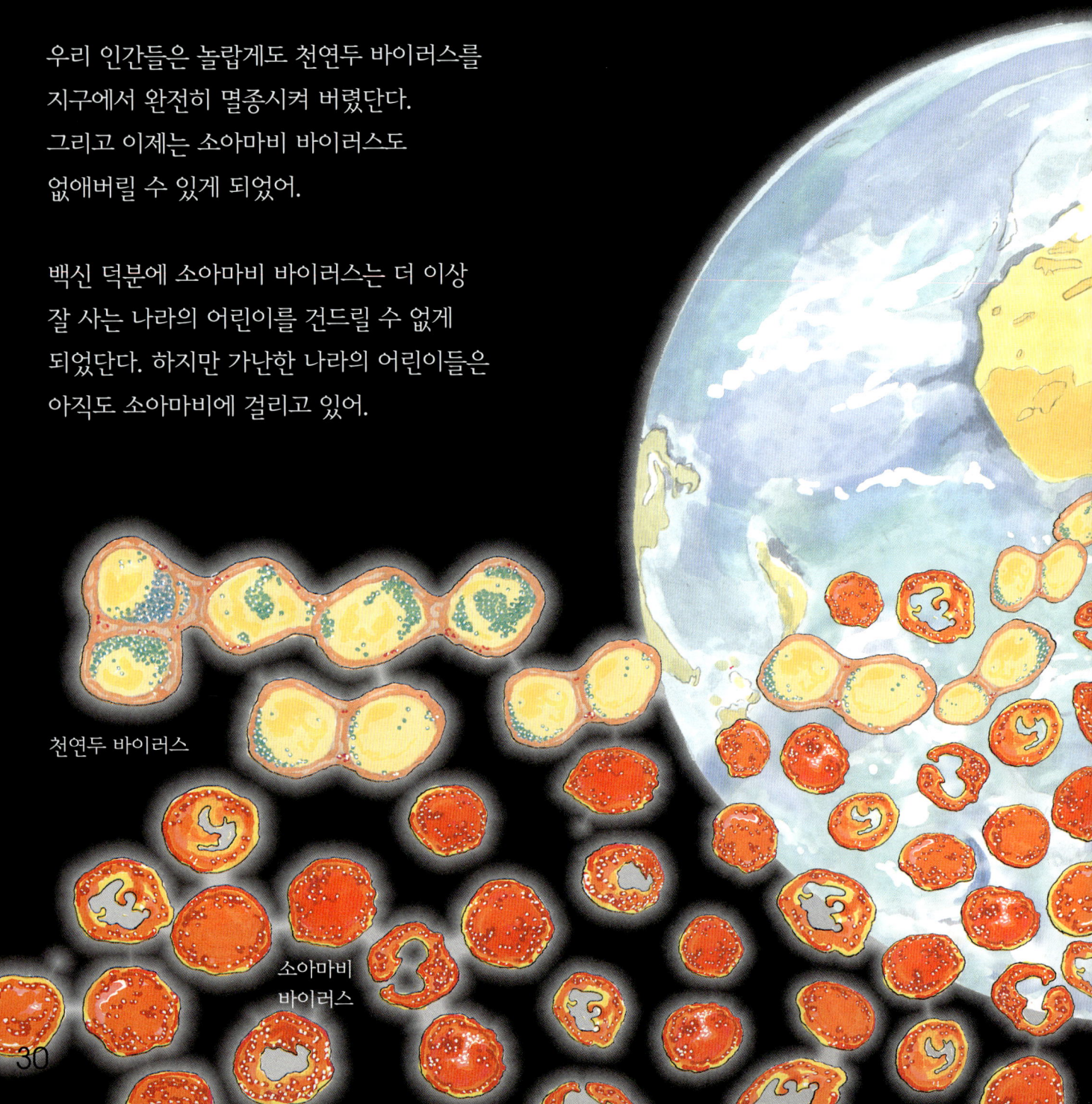

천연두 바이러스

소아마비
바이러스

다행히, 1997년에는
아시아의 4억 5천 명이나 되는 어린이가
소아마비 백신을 예방접종 했단다.
이 숫자는 전체 지구인의 10분의 1에 가까워!

이제 곧 소아마비 바이러스를 멸종시킬 날도
머지않았어. 백신과 우리의 수호천사인
**방어세포들** 덕분에 말이야!